Début d'une série de documents
en couleur

CHARLES DUPUY

L'ANNÉE

DU

CERTIFICAT D'ÉTUDES

LIVRET

d'Instruction civique

Opuscule du Maître

Développement des Sujets de Rédaction

Armand COLIN & Cie

ÉDITEURS

des Tableaux muraux CHARLES DUPUY
1er Tableau de Morale ; 2e Tableau d'Instruction civique ;
3e Tableau de Sciences élémentaires.

Ce « Livret » ne peut
être vraiment utile que
si l'élève a étudié d'abord
un manuel spécial :

Garçons. *Première année d'Instruction
morale et civique*, par PIERRE LALOI.
(Leçons, Récits, **Rédactions**).   » 90

Filles. *Première année d'Économie
domestique*, par R. EL. CHALAMET. —
Morale, Hygiène, Instruction civique.
(Leçons, Récits, **Rédactions**).   1 10

P. 2672.

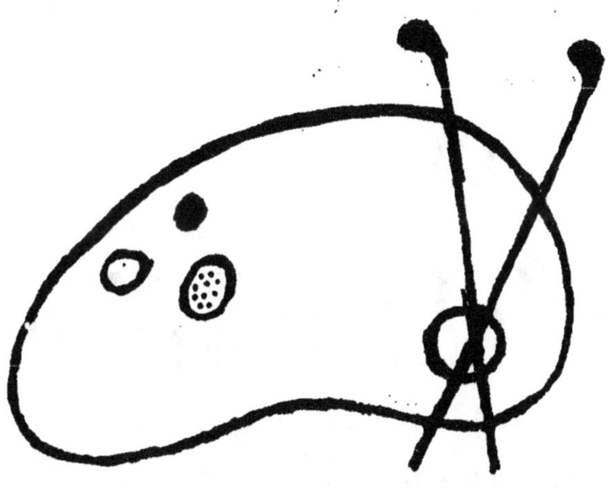

Fin d'une série de documents
en couleur

L'ANNÉE

DU

CERTIFICAT D'ÉTUDES

PUBLIÉE SOUS LA DIRECTION DE

CHARLES DUPUY

Agrégé de l'Université, Ancien inspecteur d'Académie, Vice-recteur honoraire,
Député de la Haute-Loire.

LIVRET

d'Instruction civique

Par PIERRE LALOI

Opuscule du Maître

Développement des sujets de rédaction.

ARMAND COLIN ET Cⁱᵉ, ÉDITEURS

5, RUE DE MÉZIÈRES, PARIS

—

PRÉSENTATION

En offrant aux maîtres et aux élèves des Écoles primaires notre « **Année du Certificat d'études** », nous nous sommes proposé de les aider dans la préparation d'un examen rendu plus complet et par conséquent plus difficile par l'arrêté ministériel du 29 décembre 1891.

L'épreuve de la **rédaction** est désormais nettement définie. Elle portera sur des notions précises ; il ne suffira pas d'avoir de l'imagination comme pour faire une lettre, un récit, sujets habituels de cette épreuve avant la réforme de 1891 ; il faudra *savoir*.

Notre publication répond à cette nécessité. Elle a pour but de présenter sous un nombre restreint de questions les notions essentielles des cinq ordres de matières parmi lesquelles l'Inspecteur d'Académie devra choisir le sujet de la rédaction.

Nous ne prétendons pas nous substituer aux manuels classiques et encore moins aux leçons du maître. C'est un moyen pratique de *revision*, de *récapitulation* que nous apportons. Nous dégageons dans chaque ordre de matières les notions principales, celles qu'il n'est pas permis d'ignorer, et nous les présentons sous forme de questions très nettes ; il est répondu à ces questions avec toute la brièveté compatible avec la clarté, qui est la première règle de la pédagogie.

Les questions sont accompagnées de **sujets de rédaction** dont le développement est donné dans l'*Opuscule du Maître*. Les rédactions sont courtes et précises ; elles ne sont surchargées d'aucun détail superflu ; comme pour les questions, nous nous en sommes tenu au nécessaire, à l'indispensable.

Nous espérons que l'**Année du Certificat d'études** contribuera au bien de l'enseignement primaire. Si maîtres et élèves trouvent en elle un secours efficace, notre vœu sera rempli.

CHARLES DUPUY.

LIVRET D'INSTRUCTION CIVIQUE

(Opuscule du Maître).

1.— Origine du gouvernement républicain. (Élève, p. 4)

Sommaire. — **1.** Assemblée Constituante. — **2.** Déclaration des Droits de l'homme.— **3.** Principes du gouvernement républicain. — **4.** La République française.

Développement. — **1.** En 1789, les représentants de la nation qui composaient les États généraux, convoqués par Louis XVI, s'érigèrent en Assemblée Constituante. Cette assemblée opéra la transformation de la monarchie absolue en monarchie constitutionnelle; celle-ci fut remplacée à son tour, le 22 septembre 1792, par la République, que proclama la Convention.

2. Ce fut l'Assemblée Constituante qui, par la *Déclaration des Droits de l'homme*, eut l'honneur de clore l'ancien régime, fondé sur l'inégalité, les privilèges et sur le bon plaisir du roi ; cette déclaration contient cinq principes essentiels, connus sous le nom de Principes de 1789.

3. Ces principes sont ceux du gouvernement républicain dont nous jouissons. Ce sont : la souveraineté nationale s'exprimant aujourd'hui par le suffrage universel, l'égalité de tous les citoyens devant la loi, la liberté individuelle, la liberté de conscience et la responsabilité des fonctionnaires publics.

4. La République, qui avait été déjà instituée deux fois en France et avait été deux fois remplacée par l'Empire, a été proclamée une troisième fois le 4 septembre 1870, après la capitulation de Sedan. Elle est désormais établie d'une manière indestructible.

2. — Constitution de la France. (Élève, p. 4)

Sommaire. — **1.** Ce que c'est qu'une constitution. — **2.** La Constitution de la France.— **3.** Les lois de 1875.— **4.** La revision.

Développement. — **1.** Une constitution est, dans une république, l'ensemble des règles qui déterminent les droits et les devoirs des citoyens vis-à-vis de l'État.

2. La Constitution de la France est une constitution républicaine ; elle admet comme établis les principes de 1789 et elle en règle l'application par les lois constitutionnelles votées en 1875.

3. Ces lois sont au nombre de trois ; la loi du 24 février 1875 règle l'organisation du Sénat ; la loi du 25 février 1875 règle les attributions du Président de la République, du Sénat et de la Chambre des députés ; la loi du 16 juillet règle les rapports des Chambres, soit entre elles, soit avec le Président de la République et avec les ministres.

4. Ces lois peuvent être revisées, mais seulement par le Congrès, c'est-à-dire par les deux Chambres réunies en une seule assemblée et siégeant à Versailles. Encore faut-il, pour que le Congrès puisse se réunir, que chacune des deux Chambres, délibérant séparément, ait décidé préalablement qu'il y a lieu à revision.

3. — Les formes de gouvernement. Gouvernements successifs de la France. (Élève, p. 4)

Sommaire. — **1.** Le gouvernement. — **2.** Les différentes formes de gouvernement. — **3.** Le gouvernement de la France avant 1789. — **4.** Son gouvernement actuel.

Développement. — **1.** Le Gouvernement ou pouvoir exécutif est l'autorité chargée de faire exécuter les lois et décrets qui règlent les rapports des citoyens entre eux ou avec l'État.

2. Il y a plusieurs formes principales de gouvernement : la monarchie absolue (Russie), où tous les pouvoirs sont entre les mains d'un seul homme, roi ou empereur ; — la monarchie constitutionnelle (Angleterre), dans laquelle les pouvoirs sont partagés entre le roi et les représentants de la nation, d'après des règles dont l'ensemble forme ce qu'on appelle la Constitution ; — la République (France, Suisse, États-Unis), dans laquelle les pouvoirs sont exercés par les seuls représentants de la nation.

3. Le gouvernement de la France, avant 1789, était la monarchie absolue ; le roi était le seul maître ; il établissait les lois suivant son bon plaisir et les faisait exécuter comme il l'entendait; l'égalité était inconnue, car certaines classes ayant des privilèges, toutes les charges venaient accabler les classes moyennes et les classes laborieuses.

4. Depuis le 4 septembre 1870, la France est en République ; elle s'est donnée en 1875 des lois constitutionnelles qui la régissent. Ces lois sont fondées sur les principes de la souveraineté nationale, de l'égalité de tous les citoyens devant la loi, de la liberté individuelle, de la liberté de conscience, de la responsabilité des fonctionnaires publics.

4. — Droits et devoirs du citoyen. (Élève, p. 4)

Sommaire. — **1.** Droits du citoyen : égalité, liberté, vote, etc. — **2.** Devoirs du citoyen : obéissance à la loi. — **3.** Instruction, service militaire, impôt, exercice du droit de vote.

Développement. — **1.** Tout citoyen a des droits et des devoirs ; ses droits sont inscrits dans la *Déclaration des Droits de l'homme;* les principaux sont l'égalité devant la loi, la liberté individuelle, la liberté de conscience et le droit de vote qui est la part de chaque citoyen dans la souveraineté nationale.

2. Le citoyen ne doit jamais oublier qu'il a des devoirs comme contre-partie de ses droits. Le premier de ces devoirs, c'est l'obéissance à la loi qui est l'œuvre des mandataires de la nation ; ce devoir impose le respect de l'autorité, c'est-à-dire des agents du gouvernement qui sont chargés de faire exécuter la loi.

3. Parmi les obligations que la loi nous impose, il en est quatre essentielles. Nous devons nous instruire quand nous sommes jeunes et, plus tard, faire instruire nos enfants : l'ignorance est le plus grand ennemi de l'homme. — Nous devons remplir avec zèle nos devoirs militaires et être ainsi toujours prêts à défendre notre patrie. — Nous devons payer régulièrement les impôts établis pour acquitter les dépenses d'utilité commune et qui nous assurent des chemins, des écoles, une police, etc. — Enfin nous devons exercer notre droit de vote dans le but de faire entrer dans les Chambres, dans les Assemblées départementales et municipales, les citoyens les plus honnêtes et les plus capables d'assurer la bonne direction des affaires publiques.

5. — Les Pouvoirs publics. (Élève, p. 4)

SOMMAIRE. — 1. Pouvoir législatif et Pouvoir exécutif. — 2. Le Sénat et la Chambre des députés. — 3. Le Président de la République et les ministres.

Développement. — 1. D'après notre constitution républicaine, les pouvoirs publics sont le Pouvoir législatif qui fait les lois, et le Pouvoir exécutif qui en assure l'exécution. Le Pouvoir législatif est exercé par le Sénat et la Chambre des députés ; le Pouvoir exécutif, par le Président de la République et les ministres.

2. Le rôle du Sénat et de la Chambre des députés consiste à faire les lois, à voter le budget de l'État et à contrôler les actes du gouvernement. Le Sénat et la Chambre siègent tous deux à Paris, l'un au Luxembourg, l'autre au Palais Bourbon. Réunis en une seule assemblée, ils forment le Congrès et siègent à Versailles. Le Congrès est convoqué, soit pour élire le Président de la République, soit pour reviser les lois constitutionnelles.

3. Le Président de la République et les ministres constituent ce qu'on appelle plus particulièrement le Gouvernement. Le rôle du Gouvernement consiste à faire exécuter les lois, à maintenir l'ordre public, à assurer la défense nationale, enfin à prendre les diverses mesures exigées par l'intérêt général.

II. — LE SUFFRAGE UNIVERSEL

6. — Le Suffrage universel. (Élève, p. 6)

SOMMAIRE. — 1. Le Suffrage universel. — 2. Électeurs. — 3. Éligibles. — 4. Scrutin de liste ; scrutin uninominal. — 5. Majorité absolue ou relative ; 1er et 2° tours de scrutin.

Développement. — 1. Le peuple français est souverain, mais il ne peut exercer sa souveraineté que par des mandataires. Tous les citoyens qui ne sont pas exclus par la loi prennent part à la nomination de ces mandataires, qui sont principalement les sénateurs et les députés. C'est là ce qu'on appelle le *Suffrage universel*.

2. Sont électeurs tous les Français âgés de 21 ans, à l'exception des femmes, des militaires présents sous les

drapeaux, des faillis, des interdits et des personnes qui ont été frappées de certaines condamnations.

3. Sont éligibles, c'est-à-dire capables d'être élus, tous les électeurs qui ont atteint l'âge de 25 ans. Par exception, pour être éligible au Sénat, il faut avoir au moins 40 ans. Les éligibles qui sollicitent les suffrages s'appellent des candidats.

4. Les électeurs peuvent avoir à élire plusieurs mandataires à la fois, par exemple, pour former le conseil municipal. Dans ce cas, ils inscrivent sur leur bulletin de vote autant de noms qu'il y a de membres à nommer : c'est ce qu'on appelle le *scrutin de liste*. S'il n'y a qu'un seul membre à élire, par exemple, un député, le bulletin ne porte qu'un seul nom : c'est ce qu'on appelle le *scrutin uninominal*.

5. Pour être élu au premier tour de scrutin, le candidat doit réunir la majorité absolue, c'est-à-dire la moitié plus un des suffrages exprimés ; si la majorité absolue n'est pas obtenue, il est procédé à un second tour pour lequel il suffit d'avoir la majorité relative, c'est-à-dire plus de voix que les autres concurrents.

7.— Scrutin de liste et scrutin uninominal. (Élève, p. 8)

Sommaire. — **1.** Scrutin de liste. — **2.** Élections qui se font au scrutin de liste. — **3.** Scrutin uninominal. — **4.** Élections qui se font au scrutin uninominal.

Développement. — **1.** Le scrutin de liste est le mode d'élection dans lequel chaque électeur inscrit sur son bulletin de vote autant de noms qu'il y a de personnes à nommer.

2. Ce mode d'élection est employé pour nommer les sénateurs, les conseillers d'arrondissement quand il y en a plusieurs à élire dans un canton, les conseillers municipaux, les délégués sénatoriaux, les juges des tribunaux de commerce, etc.

3. Le scrutin uninominal est le mode d'élection dans lequel chaque électeur n'a à inscrire qu'un seul nom sur son bulletin de vote.

4. C'est au scrutin uninominal que sont élus les députés, les conseillers généraux, les conseillers d'arrondissement sauf l'exception indiquée plus haut, les conseillers municipaux de Paris, etc. — À plusieurs reprises, et pendant certaines périodes, les députés ont été élus au scrutin de liste par département, par exemple en 1871 et en 1885.

III. — LE POUVOIR LÉGISLATIF

8. — Les deux Chambres. (Élève, p. 5)

Sommaire. — 1. Le Pouvoir législatif : les deux Chambres. — 2. Prérogatives spéciales du Sénat. — 3. Prérogatives spéciales de la Chambre des Députés. — 4. Le Congrès.

Développement. — 1. Le Pouvoir législatif est exercé par deux Chambres : le Sénat et la Chambre des députés. Les Chambres ont pour attributions de voter les lois, y compris la loi de finances, qui règle le budget de l'État, et de contrôler les actes du pouvoir exécutif.

2. Le Sénat a, en outre, des attributions spéciales : il peut autoriser le Président de la République à dissoudre la Chambre des députés ; il peut être constitué en Haute Cour de justice pour juger le Président de la République en cas de haute trahison, les ministres mis en accusation par la Chambre et les personnes poursuivies pour complots contre la sûreté de l'État.

3. La Chambre des députés a, elle aussi, des prérogatives spéciales. Elle vote la première les lois de budget et d'impôt ; elle maintient les ministères en leur accordant un vote de confiance, ou les renverse en leur infligeant un vote de méfiance ou de blâme. Elle peut mettre en accusation les ministres, même le Président de la République, mais ce dernier seulement en cas de haute trahison.

4. Le Congrès est la réunion, en une seule assemblée, des sénateurs et des députés. Le Congrès siège à Versailles. Il ne se réunit que dans deux cas : 1° pour élire le Président de la République ; 2° pour reviser les lois constitutionnelles, quand les deux Chambres ont, chacune de son côté, décidé qu'il y a lieu à revision.

9. — Élection des sénateurs. (Élève, p. 9)

Sommaire. — 1. Comment sont élus les sénateurs. — 2. Collège électoral. — 3. Délégués des conseils municipaux. — 4. Élection. — 5. Vérification des pouvoirs.

Développement. — 1. Le Sénat est élu par le suffrage universel à plusieurs degrés. Il se compose de trois cents membres répartis entre les départements d'après leur population. Les sénateurs sont élus pour neuf ans, mais sont renouvelables par tiers tous les trois ans.

2. Les sénateurs sont élus, dans chaque département, par un collège électoral composé des députés, des conseillers généraux, des conseillers d'arrondissement et des délégués des conseils municipaux.

3. Les délégués sont nommés au moins un mois avant l'élection, par les conseils municipaux convoqués spécialement à cet effet. Le nombre des délégués est plus ou moins considérable, suivant l'importance de la commune.

4. Au jour fixé, le collège électoral se réunit au chef-lieu du département, sous la présidence du président du tribunal civil. L'élection peut nécessiter trois tours de scrutin. Aux deux premiers tours, les candidats, pour être élus, doivent réunir la majorité absolue. Au troisième tour, la majorité relative suffit.

5. Le Sénat vérifie lui-même les pouvoirs de ses membres, c'est-à-dire examine si les opérations électorales ont été régulières. Si elles ne l'ont pas été, il annule l'élection et le Gouvernement doit la faire recommencer.

10. — Élection des députés. (Élève, p. 8)

SOMMAIRE. — **1.** Comment sont élus les députés. — **2.** Électeurs. — **3.** Élections; ballottage. — **4.** Vérification des pouvoirs.

Développement. — **1.** La Chambre des députés est élue directement par le suffrage universel au scrutin uninominal pour une durée de quatre ans. Chaque arrondissement, quelle que soit sa population, élit au moins un député. S'il compte plus de 100 000 habitants, il en élit deux, s'il en compte plus de 200 000, il en nomme trois, et ainsi de suite à raison d'un député de plus par 100 000 habitants ou fraction de 100 000 ; mais, en ce cas, l'arrondissement est toujours divisé en autant de circonscriptions électorales qu'il y a de députés à élire, en sorte que le scrutin uninominal trouve toujours son application. On voit que le nombre des députés varie avec la population ; il est en ce moment d'environ 580.

2. Sont électeurs tous les citoyens français, âgés de

1*

vingt et un ans au moins, qui se sont fait inscrire sur les listes électorales. Ne sont pas électeurs : les femmes, les militaires sous les drapeaux, les faillis, les interdits et les personnes frappées de certaines condamnations.

3. Le vote a lieu dans chaque commune. Pour être élu député, un candidat doit réunir la majorité absolue des suffrages exprimés et le quart au moins des électeurs inscrits. Si aucun des candidats ne remplit ces conditions, on procède, quinze jours après, à un second tour de scrutin, dit scrutin de ballottage. A ce second tour, il suffit, pour être élu, d'obtenir la majorité relative.

4. La Chambre des députés vérifie elle-même les pouvoirs de ses membres, c'est-à-dire examine si les opérations électorales ont été régulières ; si elles ne l'ont pas été, elle annule l'élection et le Gouvernement doit la faire recommencer.

IV. — LE POUVOIR EXÉCUTIF

11. — Le Président de la République. — Ses attributions. (Élève, p. 10)

SOMMAIRE. — 1. Le Président de la République ; ses attributions. — 2. Comment il les exerce. — 3. Comment il est élu. — 4. Quelle est sa responsabilité.

Développement. — 1. Le Président de la République est le chef du pouvoir exécutif ; on l'appelle aussi le chef de l'État. Il présente les projets de loi aux Chambres ; il promulgue les lois lorsqu'elles sont votées ; il rend des décrets pour en assurer l'exécution ; il commande aux armées de terre et de mer ; il nomme aux emplois civils et militaires ; il a le droit de grâce ; enfin il peut dissoudre la Chambre des députés si le Sénat lui en donne l'autorisation.

2. Le Président de la République n'exerce pas ces attributions par lui-même, mais par l'intermédiaire des ministres qu'il doit choisir parmi les hommes politiques ayant la confiance des Chambres. Chacune des mesures qu'il prend doit être contresignée par un ministre.

3. Le Président de la République est élu pour sept ans par le Congrès, c'est-à-dire par l'assemblée formée de

la réunion du Sénat et de la Chambre des députés, siégeant à Versailles ; il est élu à la majorité absolue des suffrages et toujours rééligible.

4. Le Président n'exerçant ses attributions que par l'intermédiaire des ministres, n'est responsable qu'en cas de haute trahison ; il peut alors être mis en accusation par la Chambre des députés et jugé par le Sénat. Dans tous les autres cas, la responsabilité d'un décret retombe sur le ministre qui l'a contresigné.

12. — Les ministres. (Élève, p. 10)

SOMMAIRE. — 1. Attributions des ministres. — 2. Leurs rapports avec les Chambres. — 3. Comment ils sont nommés. — 4. Leur nombre.

Développement. — 1. Les ministres sont les délégués par l'intermédiaire desquels le Président de la République exerce ses attributions. Chacun d'eux dirige une des grandes administrations de l'État. Ils se réunissent, une ou plusieurs fois par semaine, en Conseil, pour délibérer sur les questions d'intérêt général. Ces réunions sont présidées par le Président de la République ou, en son absence, par le Président du Conseil des ministres.

2. Les ministres présentent et soutiennent les projets de loi devant les Chambres ; ils prennent part aux discussions qui s'y produisent, répondent aux questions ou aux interpellations qui leurs sont adressées, soit sur leurs actes, soit sur ceux de leurs subordonnés. S'ils sont l'objet d'un vote de blâme ou de défiance de la part de la Chambre des députés, ils doivent donner leur démission.

3. Les ministres sont nommés par le Président de la République ; mais il est évident qu'ils doivent être choisis parmi les hommes politiques jouissant de la confiance de la Chambre des députés.

4. Il y a actuellement dix ministres ; ce sont les ministres de l'Intérieur ; — de la Justice et des Cultes ; — des Affaires étrangères ; — de l'Instruction publique et des Beaux-arts ; — des Finances ; — de la Guerre ; — de la Marine et des Colonies ; — des Travaux publics ; — de l'Agriculture ; — du Commerce et de l'Industrie.

13. — Le ministre de l'Instruction publique et des Beaux-arts. — Ses attributions. (Élève, p. 11)

SOMMAIRE. — **1.** Instruction publique. — **2.** Fonctionnaires de l'instruction publique. — **3.** Programmes. — **4.** Beaux-arts.

Développement. — **1.** Le ministre de l'Instruction publique est chargé de diriger l'enseignement public à ses trois degrés (primaire, secondaire et supérieur) et de veiller à ce que l'enseignement libre ou privé ne soit en rien contraire à la morale, à la Constitution et aux lois.

2. Il est aidé, dans cette tâche, par un certain nombre de fonctionnaires : les directeurs des divers ordres d'enseignement, les inspecteurs généraux, les recteurs, les inspecteurs d'académie, les inspecteurs primaires, les délégués cantonaux et les maires. A l'exception de ces deux dernières catégories, tous les autres sont nommés par le ministre.

3. Le ministre a aussi l'initiative des programmes et des réformes à introduire dans l'enseignement. Il doit prendre sur ces questions l'avis du Conseil supérieur de l'instruction publique dont il est le Président.

4. Le ministre des Beaux-arts a pour mission de favoriser le développement des arts dans notre pays et d'assurer la conservation des chefs-d'œuvre qu'ils ont produits dans le passé. Il a, sous sa surveillance, les palais nationaux, les monuments historiques, les musées, les théâtres, toutes les écoles d'art et notamment l'École des Beaux-arts à Paris, et l'Académie de France à Rome.

14. — Le ministre de l'Intérieur. — Ses attributions. (Élève, p. 11)

SOMMAIRE. — **1.** Administration intérieure. — **2.** Algérie. — **3.** Service pénitentiaire ; service de l'Assistance publique ; service de la Sûreté générale.

Développement. — **1.** Le ministre de l'Intérieur est chargé de l'administration du pays et du maintien de l'ordre public. Il exerce son autorité par l'intermédiaire des préfets et des sous-préfets qu'il nomme et des maires qui sont élus par les conseils municipaux, mais qui doivent se conformer à ses instructions.

2. Le ministre de l'Intérieur est aussi chargé d'administrer l'Algérie ; il nomme les préfets qui sont à la tête des trois départements de cette belle colonie ; il désigne aussi le gouverneur général qui réside à Alger et qui a autorité sur les préfets algériens.

3. Le ministre de l'Intérieur dirige encore d'importants services : le service pénitentiaire qui comprend l'administration de toutes les prisons, soit en France, soit aux colonies ; — le service de l'Assistance publique, qui s'occupe de toutes les questions comprenant l'assistance et l'hygiène publiques, soit dans les villes, soit dans les campagnes ; — le service de la Sûreté générale, qui comprend la surveillance du pays tout entier au point de vue de la police pour prévenir ou pour réprimer les crimes et les délits. Le Préfet de police de Paris est chargé spécialement de la police de la capitale ; il est directement sous les ordres du ministre de l'Intérieur.

15. — Attributions du ministre de la Justice et des Cultes. (Élève, p. 10)

Sommaire. — 1. La Justice. — 2. La Magistrature. — 3. Les Cultes ; le Concordat.

Développement. — 1. Le ministre de la Justice est chargé, comme son nom l'indique, de surveiller le fonctionnement de la justice en France et aux colonies ; il porte aussi le titre de garde des sceaux ; il est de droit président du conseil d'État et vice-président du Conseil des ministres.

2. C'est sur sa proposition que le Président de la République nomme tous les magistrats. Les juges des tribunaux de 1re instance, les conseillers des cours d'appel et ceux de la cour de cassation, une fois nommés, sont inamovibles. Les juges de paix et les représentants du ministère public (procureurs, substituts, etc.) sont, au contraire, révocables.

3. Le ministère des cultes est rattaché tantôt à un ministère, tantôt à un autre. Depuis plusieurs années, il est rattaché au ministère de la justice, dont le titulaire s'appelle, de ce fait, ministre de la Justice et des Cultes. Le

ministre des Cultes est chargé d'assurer l'exercice des cultes reconnus par l'État (catholique, protestant, israélite et musulman), conformément à des conventions dont la plus célèbre est le Concordat de 1801, relatif au culte catholique. Les ministres des cultes reconnus sont nommés et salariés par l'État.

16. — Le ministère des Affaires étrangères.
(Élève, p. 11)

SOMMAIRE. — 1. Relations avec les puissances étrangères. — 2. Agents diplomatiques. — 3. Agents consulaires. — 4. Protectorats.

Développement. — 1. Le ministre des Affaires étrangères est chargé de diriger nos relations politiques et commerciales avec les autres nations ; c'est lui qui prépare et négocie les traités et conventions que nous sommes appelés à conclure avec elles ; ces traités sont politiques (traités d'alliance, traités de paix) ou commerciaux.

2. Les relations du ministre des Affaires étrangères avec les gouvernements étrangers ont lieu par l'intermédiaire des agents diplomatiques (ambassadeurs, ministres plénipotentiaires, chargés d'affaires) que la France entretient près de ces gouvernements, ou par celui des agents que ces gouvernements entretiennent près du nôtre.

3. Le ministre a aussi sous ses ordres des agents consulaires (consuls ou vice-consuls) chargés de protéger le commerce de la France à l'étranger et de fournir tous les renseignements de nature à aider nos commerçants et nos industriels dans l'exportation de leurs produits. — Agents diplomatiques et consulaires dressent aussi les actes de l'état civil pour nos nationaux résidant à l'étranger ; ils fournissent des renseignements politiques et commerciaux sur le pays où ils résident et protègent les Français qui s'y trouvent.

4. Le ministre des Affaires étrangères dirige les protectorats que nous exerçons sur la Tunisie et sur Madagascar. Les résidents que nous entretenons dans ces deux pays doivent agir suivant les instructions qu'il leur envoie.

V. — LA LOI. — LE BUDGET

17. — Comment se fait la loi. (Élève, p. 12)

SOMMAIRE. — 1. La Loi, les codes. — 2. Présentation et vote de la loi. — 3. Promulgation de la loi.

Développement. — 1. La loi est un ensemble de prescriptions établies par les Chambres dans l'intérêt public. L'ensemble des lois relatives à une même matière s'appelle *code*. Les principaux codes sont : le code civil, le code pénal, le code de procédure civile, le code d'instruction criminelle, le code de commerce, le code forestier, le code rural.

2. Les projets de loi sont soumis aux Chambres, soit par le Gouvernement, soit par un membre de l'une ou l'autre Chambre. Les projets doivent être votés dans les mêmes termes par le Sénat et par la Chambre des députés. Les lois relatives au budget et à l'impôt doivent être votées en premier lieu par la Chambre.

3. La loi votée par les deux Chambres n'est exécutoire qu'après avoir été promulguée par le Président de la République, c'est-à-dire publiée dans le *Journal officiel* de la République française. Si le Président de la République n'approuve pas une loi, il peut demander aux Chambres une nouvelle délibération. Mais si les Chambres persistent dans leurs premières résolutions, le Président est tenu de promulguer la loi.

18. — Les décrets et les arrêtés. (Élève, p. 21)

SOMMAIRE. — 1. Décrets. — 2. Arrêtés ministériels. — 3. Arrêtés préfectoraux. — 4. Arrêtés municipaux.

Développement. — 1. Il est souvent nécessaire de régler les détails d'exécution des lois votées par les Chambres : c'est le but des décrets et des arrêtés. Un décret est une décision rendue par le Président de la République, soit en vertu de ses attributions constitutionnelles, soit en vertu d'une délégation spéciale de la loi. Un décret est quelquefois délibéré en Conseil d'État ; il doit toujours être contresigné par un ministre.

2. L'arrêté est une décision rendue par une autorité administrative, telle qu'un ministre, un préfet, un maire, dans la limite des attributions que lui donne la loi. Les arrêtés ministériels ont principalement pour but d'indiquer la manière précise dont doivent être exécutées certaines lois et certains décrets.

3. Les préfets exercent la plupart de leurs attributions au moyen d'arrêtés. Ce sont des arrêtés préfectoraux qui édictent les mesures de salubrité ou de police, qui fixent les dates d'ouverture et de fermeture de la chasse, qui nomment la plupart des fonctionnaires départementaux, qui rendent exécutoires les rôles d'impositions, etc.

4. Les maires prennent également des arrêtés pour la police, pour le service de la voirie, pour l'entretien des chemins ruraux, pour les mesures contre les épidémies, etc. Ces arrêtés peuvent être annulés ou suspendus par le préfet. Tout décret, tout arrêté peut. être annulé par le Conseil d'État pour violation de la loi ou pour excès de pouvoir.

19. — Le budget de l'État. (Élève, p. 13)

SOMMAIRE. —1. Le budget. —2. Par qui il est dressé et comment il est voté. —3. Principales charges et ressources de l'État.

Développement. — 1. Quand une personne dresse le tableau des dépenses qu'elle a à faire pendant un certain temps, et des ressources qui lui permettent d'y faire face, on dit qu'elle établit son budget. L'État, les départements, les communes sont tenus de dresser le leur, tous les ans, avant le 31 décembre, pour l'année suivante.

2. Le budget de l'État est préparé par le ministre des Finances qui consulte au préalable ses collègues sur les besoins de leurs services respectifs. Le budget est présenté, en premier lieu, à la Chambre des députés. Quand celle-ci l'a voté, il est transmis au Sénat, qui l'examine à son tour. Comme pour toute autre loi, l'accord des deux Chambres est nécessaire. Si cet accord ne se produit pas avant le 31 décembre, le Gouvernement ne peut ordonner aucune dépense ni percevoir aucun impôt, à moins qu'il n'en obtienne l'autorisation spéciale des Chambres pour un ou plusieurs mois ; c'est ce qu'on appelle les *douzièmes provisoires*.

3. Les principales dépenses de l'État sont les intérêts de la dette publique, les dépenses militaires et les dépenses de l'instruction publique ; ses principales ressources sont les impôts, les monopoles et les droits de douane.

20. — L'emprunt national, départemental, communal. (Élève, p. 14)

SOMMAIRE. — 1. L'emprunt national. — 2. L'emprunt dépar
temental. — 3. L'emprunt communal.

Développement. — 1. Lorsque le budget du pays
n'est pas en équilibre, c'est-à-dire quand les recettes ne
couvrent pas les dépenses, l'État est réduit à emprunter.
Il emprunte aussi, et c'est le cas le plus fréquent, pour
faire face aux grands travaux publics que l'impôt annuel
ne suffirait pas à payer : armement et fortifications, écoles,
chemins de fer, canaux, etc. Le montant de la dette publique
en France atteint environ 32 milliards, dont l'intérêt annuel
est de 1 milliard et demi. Les emprunts doivent être autorisés par les deux Chambres.

2. Les départements peuvent aussi être appelés à
contracter des emprunts pour développer leurs voies de
communication, pour construire des chemins de fer, ou des
bâtiments départementaux. Si le délai de remboursement
dépasse quinze ans, il faut une loi pour autoriser l'emprunt.

3. Les communes contractent aussi des emprunts pour
des entreprises d'utilité publique : travaux publics, cons-
tructions d'écoles, expropriations, etc. Ces emprunts sont
votés par les conseils municipaux ; mais lorsqu'ils sont
remboursables en plus de trente ans ou qu'ils atteignent
une certaine importance relativement aux ressources de
la commune, ils doivent être autorisés, soit par un arrêté
du préfet, soit par un décret, soit même par une loi.

VI. — L'IMPOT

21. — L'impôt direct. (Élève, p. 15)

SOMMAIRE. — 1. L'impôt; comment il est voté. — 2. L'impôt
direct ; les contributions directes. — 3. Autres taxes analogues.

Développement. — 1. L'impôt est la part réclamée
à chaque citoyen pour les dépenses d'utilité commune. Le
chiffre de l'impôt est fixé, chaque année, par les Chambres, pour l'année suivante. Les conseils généraux et les
conseils municipaux peuvent augmenter ce chiffre, en

votant des centimes additionnels, mais dans les limites établies par les Chambres, sans l'autorisation desquelles aucun impôt ne peut être perçu.

2. On distingue deux sortes d'impôts : l'impôt direct et l'impôt indirect. L'impôt direct frappe directement la personne ou la fortune du contribuable. Les principaux impôts directs sont les contributions directes : foncière, personnelle et mobilière, patentes. Elles comprennent deux éléments : le principal, qui est uniforme pour toute la France ; les centimes additionnels, dont l'importance varie suivant les départements, suivant les communes, et dont une partie est votée par les conseils généraux et les conseils municipaux. L'impôt direct est payé à la caisse des percepteurs, sur le vu d'un avertissement individuel.

3. Il y a d'autres impôts directs : la taxe des biens de main-morte, les redevances des mines, les contributions sur les chevaux et les voitures, sur les billards, sur les cercles, la taxe militaire, etc.

22. — Les centimes additionnels. (Élève, p. 16)

SOMMAIRE. — 1. Centimes additionnels : ordinaires, extraordinaires. — 2. Centimes généraux, départementaux, communaux. — 3. Vote et perception des centimes.

Développement. — 1. Un centime additionnel est, comme son nom l'indique, la centième partie du principal des contributions directes venant s'ajouter au principal. Il y a deux sortes de centimes additionnels : les centimes ordinaires qui font face aux dépenses obligatoires, et, d'une façon générale, aux dépenses courantes, en cas d'insuffisance du principal ; les centimes extraordinaires, qui font face aux dépenses exceptionnelles, telles que la construction d'une école, l'ouverture d'un chemin, etc.

2. Les centimes additionnels se divisent aussi en centimes additionnels généraux ou centimes d'État, centimes additionnels départementaux et centimes additionnels communaux. Les premiers sont votés par les Chambres et servent à accroître le total de l'impôt direct perçu par l'État. Ce sont aussi les Chambres qui déterminent le maximum des centimes que pourront s'imposer les départements et les communes.

3. Les centimes additionnels représentent la principale ressource des départements et des communes. Le nombre en est déterminé : pour les départements, par le conseil général ; pour les communes, par le conseil municipal, mais *toujours dans la limite fixée par les Chambres*. Les centimes additionnels sont encaissés par le percepteur en même temps que le principal des contributions directes. Ils sont inscrits sur l'avertissement individuel avec le principal.

23. — L'impôt indirect. (Élève, p. 16)

Sommaire. — **1.** L'impôt indirect ; comment il est voté. — **2.** Impôt de consommation ; enregistrement ; timbre. — **3.** Les monopoles. — **4.** Les droits d'octroi et droits de douane.

Développement. — L'impôt est la part réclamée à chaque citoyen pour les dépenses d'utilité commune. On distingue deux sortes d'impôts : l'impôt direct et l'impôt indirect. L'impôt indirect est celui qui frappe le contribuable en raison de l'accomplissement de certains actes ou de la consommation de certains objets. Il est voté par les Chambres, à l'exception de certains droits d'octroi qui sont votés par les conseils municipaux. Les principaux impôts indirects sont les *impôts de consommation* ou *contributions indirectes* proprement dites, les droits d'*enregistrement*, les droits de *timbre*, les *monopoles*, les droits d'octroi et les droits de douane.

2. Les impôts de consommation sont ceux qui frappent les boissons, le sel, le sucre, le café. Les droits d'enregistrement sont payés à l'Etat par ceux qui achètent une propriété ou reçoivent une succession, à raison de l'inscription ou enregistrement, sur des registres spéciaux, des actes constatant ces opérations. Les droits de timbre sont la redevance qu'on paye à l'État pour l'apposition d'une empreinte sur des feuilles de papier dites *papier timbré* ; ce papier est obligatoire pour certains actes, tels que baux, contrats de ventes, effets de commerce.

3. Un monopole est le droit que se réserve l'État de fabriquer et de vendre seul certains produits, tels que le tabac, les allumettes chimiques, les poudres à feu, les cartes à jouer. Les services postaux, télégraphiques et téléphoniques constituent aussi un monopole.

4. Les droits d'octroi sont des taxes perçues, à l'entrée de certaines villes, sur les marchandises et denrées qui y entrent. Les droits de douane sont des taxes perçues à l'entrée en France sur certains produits étrangers.

24. — La perception des impôts. (Élève, p. 17)

Sommaire. — **1.** L'impôt direct. — **2.** L'impôt indirect. — **3.** Les monopoles. — **4.** L'octroi et les douanes.

Développement. — **1.** Le total des impôts directs et des impôts indirects en France dépasse trois milliards. On comprend que, pour faire rentrer dans les caisses de l'État des sommes si considérables, un personnel nombreux est nécessaire. L'impôt direct est perçu par les percepteurs (un d'ordinaire par canton) ; ceux-ci versent les sommes qu'ils ont reçues entre les mains des receveurs particuliers (un par arrondissement) ; les receveurs particuliers font leurs versements au trésorier-payeur général du département, et celui-ci fait les siens au Trésor, c'est-à-dire au ministère des finances. Les communes importantes font toucher leurs revenus et leurs taxes spéciales par un receveur municipal. Dans les communes plus petites, l'office de receveur municipal est rempli par le percepteur.

2. Les contributions indirectes ou impôts de consommation, les droits d'enregistrement et les droits de timbre sont perçus par des agents qui ont le titre de receveurs. Ces receveurs sont placés sous les ordres de directeurs départementaux et sont surveillés par des contrôleurs et des inspecteurs.

3. L'impôt qui résulte de l'application des monopoles se perçoit par la vente même des objets qui y sont soumis. Quand on achète un paquet de tabac, une boîte d'allumettes, quand on affranchit une lettre, quand on envoie une dépêche télégraphique, on paie l'impôt confondu dans le prix de l'objet.

4. Les droits d'octroi sont perçus à l'entrée de chaque ville par des employés nommés par la ville. Les droits de douane sont perçus à l'entrée des marchandises étrangères en France par des receveurs qui sont aussi sous les ordres et sous le contrôle de directeurs, d'inspecteurs et de contrôleurs. Les douanes sont comme une sorte d'octroi établi à la frontière.

VII. — **LA JUSTICE**

25. — Le juge de paix. (Élève, p. 19)

SOMMAIRE. — **1.** Juge de paix; affaires civiles. — **2.** Contraventions. — **3.** Conciliation. — **4.** Attributions diverses.

Développement. — **1.** Le juge de paix est un magistrat nommé par le gouvernement et qui siège au chef-lieu du canton; il juge les petites contestations. Lorsqu'il s'agit d'une somme inférieure à 100 fr., il prononce sans appel, c'est-à-dire que, lorsqu'il a rendu son jugement, l'affaire est terminée et ne peut plus être présentée à un autre tribunal. Au-dessus de 100 fr. et jusqu'à 200 fr. ou 1 500 fr., suivant les cas, le juge rend encore une décision dans les affaires portées devant lui, mais le plaideur mécontent peut alors faire appel au tribunal de première instance et faire réformer le jugement s'il y a lieu.

2. Comme juge constituant à lui seul le tribunal de simple police, le juge de paix punit les contraventions par des amendes qui ne peuvent excéder 15 francs et par un emprisonnement qui ne peut dépasser cinq jours; le jugement est susceptible d'appel devant le tribunal civil si l'amende est supérieure à 5 francs ou s'il y a prison.

3. En général, et sauf dans les circonstances prévues par la loi, toute demande en justice de paix doit être précédée d'une tentative de conciliation; le juge de paix, sur l'avis qui lui est donné, réunit les adversaires dans son cabinet et essaye d'amener un arrangement entre eux. C'est la raison pour laquelle ce magistrat a reçu le beau nom de *juge de paix*.

4. Le juge de paix convoque et préside les conseils de famille, appose et lève les scellés, dresse les actes d'adoption, de reconnaissance, d'émancipation, etc.

26. — Tribunal de première instance. (Élève, p. 19)

SOMMAIRE. — **1.** Tribunal de première instance; le parquet. — **2.** Ses attributions civiles et commerciales. — **3.** Ses attributions correctionnelles; les délits.

Développement. — **1.** Le tribunal de première instance est un corps de magistrats ou juges institué au chef-lieu de chaque arrondissement. Ces magistrats sont nommés par le gouvernement et sont inamovibles. Auprès de chaque tribunal, il y a un parquet composé d'un procureur de la République, assisté d'un ou plusieurs substituts, d'un ou plusieurs greffiers, des huissiers chargés de la police des audiences, des avoués qui représentent les parties. Les avocats sont chargés de défendre les intérêts des plaideurs et des accusés.

2. Le tribunal de première instance juge, en général, les affaires à quelque somme qu'elles puissent s'élever. Jusqu'à 1500 francs ses jugements sont en dernier ressort, mais au-dessus de cette somme, ils sont susceptibles d'appel devant la Cour. Le tribunal de première instance juge les affaires commerciales dans les mêmes conditions, lorsqu'il n'y a pas, dans l'arrondissement, de tribunal de commerce.

3. Le tribunal de première instance statue aussi sur les appels des jugements de simple police et sur les délits correctionnels, c'est-à-dire sur toutes les infractions à la loi punies de 6 jours à 5 ans de prison, de l'amende, de la privation de certains droits politiques. Ses jugements, dans ce cas, peuvent aussi être déférés à la Cour d'appel.

27. — Les cours d'appel. (Élève, p. 19)

Sommaire. — **1.** L'appel. — **2.** Les cours d'appel; leur composition. — **3.** Leurs attributions.

Développement. — **1.** Tous les tribunaux jugent en premier ou en dernier ressort; en d'autres termes, leurs décisions sont ou définitives ou susceptibles d'appel devant une juridiction plus élevée. Pour saisir cette autre juridiction, le plaideur doit prévenir son adversaire par un acte qu'on appelle *acte d'appel*. C'est ainsi qu'on appelle des jugements des juges de paix aux tribunaux de première instance, des jugements des conseils de prud'hommes aux tribunaux de commerce, des jugements des tribunaux de première instance et des tribunaux de commerce aux cours d'appel.

2. Les cours d'appel sont au nombre de vingt-six. Elles sont composées d'un premier président, d'un ou de plusieurs présidents de chambre et de conseillers qui sont tous nommés par le Gouvernement et inamovibles. A chaque Cour sont attachés un procureur général, des avocats généraux et des substituts nommés par le gouvernement, mais qu'il peut aussi révoquer, des greffiers, des huissiers, des avoués et des avocats.

3. Chaque Cour compte au moins trois chambres : la chambre civile qui juge les appels des jugements rendus par les tribunaux civils et de commerce ; la chambre correctionnelle qui juge les appels des affaires correctionnelles ; enfin la chambre des mises en accusation, qui est chargée d'examiner les affaires criminelles et de décider si les accusés doivent ou non être traduits devant la cour d'assises.

28. — La cour d'assises. (Élève, p. 20)

SOMMAIRE. — **1.** La cour d'assises ; sa composition. — **2.** La cour. — **3.** Le jury.

Développement. — **1.** La cour d'assises est instituée pour juger les crimes, c'est-à-dire les infractions à la loi que le Code pénal punit de peines afflictives et infamantes. Il y a une cour d'assises par département. Elle se réunit tous les trois mois. Elle est formée de deux parties bien distinctes : la Cour proprement dite et le jury.

2. La Cour se compose de trois magistrats : l'un d'eux, qui est en règle générale un conseiller de cour d'appel, est président ; il interroge l'accusé et les témoins, dirige les débats et dresse la liste des questions à soumettre au jury. Suivant la réponse de celui-ci, la Cour prononce l'acquittement ou la condamnation de l'accusé ; c'est le président qui donne lecture de la sentence.

3. Le jury est la réunion de douze citoyens tirés au sort sur une liste spéciale pour juger les personnes accusées d'un crime. Les jurés, après avoir prêté serment de remplir leur devoir, prennent place à côté de la Cour. Ils entendent l'accusé, les témoins, le ministère public et l'avocat ; puis ils se retirent pour délibérer sur les questions que le président leur a posées et y répondre par oui ou par non ; c'est ce qu'on appelle le *verdict* du jury. — Celui-ci peut accorder au coupable le bénéfice des circonstances atténuantes.

29. — Le jury. (Élève, p. 20)

SOMMAIRE. — 1. Le jury; sa composition. — 2. Son rôle. — 3. Devoir des jurés.

Développement. — 1. Le jury est la réunion de douze citoyens tirés au sort sur une liste spéciale pour juger les personnes accusées d'un crime. Cette liste est dressée tous les ans pour chaque département par des commissions nommées à cet effet. A chaque session, on désigne dans cette liste, par la voie du sort, les noms de trente-six jurés et de quatre jurés supplémentaires. Enfin, pour chaque affaire, on tire au sort, pour former le jury, douze noms sur ces trente-six.

2. Le jury ainsi composé prend place dans la salle d'audience à côté de la Cour; ses membres prêtent serment de remplir leurs devoirs; ils écoutent l'interrogatoire de l'accusé et des témoins, le réquisitoire du ministère public et la plaidoirie de l'avocat. Puis ils se retirent pour statuer par oui ou par non sur les questions qui leur sont posées par le président. S'ils ont reconnu l'accusé coupable, ils doivent dire s'ils admettent ou non des circonstances atténuantes; en cas d'affirmative, la Cour prononce une peine moins forte. Le condamné a trois jours pour se pourvoir en cassation.

3. Les devoirs des jurés sont indiqués dans le serment qu'ils prêtent avant leur installation. Ils jurent de n'écouter ni la haine, ni la crainte, ni l'affection, de se décider suivant leur conscience et leur conviction, avec l'impartialité et la fermeté qui conviennent à un homme probe et libre.

30. — La cour de cassation. (Élève, p. 20)

SOMMAIRE. — 1. La cour de cassation; sa composition. — 2. Ses attributions. — 3. Ses trois chambres.

Développement. — 1. Au-dessus de tous les tribunaux se trouve la cour de cassation qui siège à Paris. On l'appelle aussi la Cour suprême. Elle se compose d'un premier président, de trois présidents de chambre et de quarante-cinq conseillers, tous nommés par le Gouvernement et inamovibles. Elle a auprès d'elle un procureur général, des avocats généraux nommés également par le gouvernement mais qu'il peut révoquer, des avocats qui sont à la fois avoués et avocats, des greffiers et des huissiers.

2. On peut déférer à la cour de cassation tous les jugements rendus en dernier ressort. Elle n'examine pas s'ils ont été bien ou mal rendus, mais s'ils ont été rendus dans les formes régulières, et si la loi a été bien appliquée. Si la Cour relève un vice de forme ou une mauvaise interprétation de la loi, elle casse le jugement et renvoie l'affaire devant un tribunal du même ordre que celui qui avait statué. Si ce tribunal juge de la même manière que le premier, la Cour statue en audience solennelle et si elle prononce encore la cassation, le tribunal devant lequel elle renvoie l'affaire doit se conformer à son opinion.

3. La cour de cassation se compose de trois chambres : la chambre des requêtes qui examine les pourvois en matière civile et les renvoie à la chambre civile si elle les juge fondés ; la chambre civile qui statue définitivement sur ces pourvois ; la chambre criminelle qui statue sur les pourvois en matière pénale. L'audience solennelle est constituée par la réunion de ces trois chambres.

31. — Le ministère public. (Élève, p. 20)

SOMMAIRE. — 1. Le ministère public ; son rôle. — 2. Sa composition, devant les cours et tribunaux. — 3. Devant les autres juridictions.

Développement. — 1. Le ministère public est un corps de magistrats, rattachés aux tribunaux, et chargés spécialement de poursuivre les crimes et les délits et de requérir l'application des lois. Ses membres sont nommés par le gouvernement, qui peut aussi les révoquer ; on emploie souvent le mot *parquet* au lieu de *ministère public*.

2. Le ministère public est représenté : auprès du tribunal de simple police, par le commissaire de police ; — auprès des tribunaux de première instance par le procureur de la République et par un ou plusieurs substituts ; — auprès des cours d'appel, par un procureur général, par un ou plusieurs avocats généraux et par des substituts ; —

auprès de la cour de cassation, par un procureur général et par des avocats généraux.

3. Les fonctions du ministère public sont encore remplies, savoir : devant les conseils de guerre, par un officier ; devant les conseils de préfecture, par le secrétaire général de la préfecture ; devant le Conseil d'État, par les maîtres des requêtes.

32. — Les conseils de prud'hommes et les tribunaux de commerce. (Élève, p. 21)

Sommaire. — **1.** Conseils de prud'hommes. — **2.** Tribunaux de commerce. — **3.** Liquidations judiciaires et faillites.

Développement. — 1. Les conseils de prud'hommes, composés, en nombre égal, de patrons et d'ouvriers, jugent les différends entre les patrons et les ouvriers. Les prud'hommes patrons sont nommés par les patrons ; les prud'hommes ouvriers, par les ouvriers. Chaque conseil élit lui-même un président et un vice-président. Si le président est patron, le vice-président doit être ouvrier ; inversement, si le président est ouvrier, le vice-président doit être patron. Les conseils de prud'hommes jugent en dernier ressort jusqu'à 200 francs ; au-dessus de cette somme, leurs jugements peuvent être déférés aux tribunaux de commerce.

2. Les tribunaux de commerce sont institués dans les villes où le commerce et l'industrie ont une certaine importance. Leurs membres sont élus par les commerçants eux-mêmes. Les tribunaux de commerce statuent en dernier ressort sur les appels des conseils de prud'hommes et sur les affaires dont l'importance ne dépasse pas 1 500 francs. Ils statuent seulement en premier ressort sur toutes les autres affaires commerciales, à charge d'appel devant la Cour. Dans les endroits où il n'y a pas de tribunal de commerce, c'est le tribunal civil qui juge les affaires commerciales.

3. Le tribunal de commerce décide les liquidations judiciaires et prononce les déclarations de faillites ; il nomme les liquidateurs et les syndics, et, il désigne, pour les surveiller, un des membres du tribunal, qui prend dans ce cas le titre de juge-commissaire.

33. — Conseil de préfecture. (Élève, p. 21)

SOMMAIRE. — **1.** Composition du Conseil de préfecture. — **2.** Ses attributions judiciaires. — **3.** Ses attributions administratives.

Développement. — **1.** Il existe au chef-lieu de chaque département un Conseil de préfecture qui est composé de trois ou de quatre membres. L'un d'eux porte le titre de vice-président, le Préfet ayant de droit la présidence, qu'il exerce d'ailleurs rarement. Les fonctions du ministère public sont remplies par le secrétaire général de la Préfecture. Les conseillers sont nommés par le Gouvernement et révocables. Par exception, le Conseil de préfecture de la Seine se compose de neuf membres, dont un président, et de quatre commissaires du Gouvernement.

2. Le Conseil de préfecture a des attributions judiciaires. Il juge, d'une façon générale, les différends qui se produisent entre les particuliers et l'État, par exemple, les réclamations pour les dommages causés par les travaux publics, les demandes en dégrèvement pour les contributions directes, les plaintes contre les propriétaires d'établissements insalubres, etc. C'est aussi lui qui juge les contestations relatives aux élections des conseillers municipaux, des conseillers d'arrondissements, des conseillers prud'hommes. On peut appeler de ses décisions devant le Conseil d'État et, dans certains cas, devant la Cour des comptes.

3. Le Conseil de préfecture a aussi des attributions administratives. Il donne son avis au Préfet toutes les fois que celui-ci le demande; c'est lui qui accorde ou refuse l'autorisation de plaider aux communes et aux établissements publics.

34. — Le Conseil d'État. (Élève, p. 21)

SOMMAIRE. — **1.** Composition du Conseil d'État. — **2.** Ses attributions judiciaires. — **3.** Ses attributions administratives.

Développement. — **1.** Le Conseil d'État est un grand corps institué près du Gouvernement pour le seconder dans la préparation des projets de loi et des règlements administratifs. Il a également des attributions judiciaires. Il se compose de conseillers qui ont pour auxiliaires des maîtres des requêtes et des auditeurs. Tous ces fonctionnaires sont nommés par décret. Les avocats à la Cour de cassation ont seuls le droit de plaider devant le Conseil d'État; ils portent le titre d'avocats au Conseil d'État et à la Cour de cassation. Le Ministre de la justice est président de droit, mais il exerce rarement ces fonctions qui sont remplies par un vice-président.

2. Au point de vue judiciaire, le Conseil statue sur les appels interjetés contre les décisions des Conseils de préfecture, sur les pourvois formés pour violation de la loi ou excès de pouvoir contre les décrets, contre les arrêtés ministériels, préfectoraux et municipaux, contre les décisions des tribunaux universitaires, sur les contestations relatives aux élections des conseillers généraux, etc.

3. Au point de vue administratif, le Conseil d'État prête son concours, quand il est réclamé par le Gouvernement, pour la préparation des projets de loi. C'est lui qui élabore les règlements d'administration publique nécessaires à l'exécution de certaines lois. Il doit être consulté dans certains cas par les ministres; son avis est quelquefois obligatoire, mais il y a des cas ou le ministre est libre de suivre ou non cet avis.

VIII. — L'ADMINISTRATION DÉPARTEMENTALE ET COMMUNALE

35. — Division de la France au point de vue administratif. (Élève, p. 22)

SOMMAIRE. — **1.** Département. — **2.** Arrondissement. — **3.** Canton. — **4.** Commune.

Développement. — **1.** La France est divisée en 86 départements, auxquels il faut ajouter le territoire de Belfort et les trois départements algériens. Un département est une fraction du territoire administrée par un préfet, qui est nommé par le Gouvernement et contrôlé par le conseil général. Le département a la personnalité civile, c'est-à-dire qu'il peut posséder, emprunter, plaider comme un individu réel.

2. Chaque département est divisé en plusieurs arrondissements. L'arrondissement est administré par un sous-préfet. Le sous-préfet est assisté du conseil d'arrondissement qui est principalement chargé de répartir entre les communes les contributions directes.

3. Un arrondissement se divise en plusieurs cantons. Chaque canton élit un membre du conseil général et un ou plusieurs membres du conseil d'arrondissement. Il possède un juge de paix, un percepteur des contributions directes, un receveur de l'enregistrement, un agent voyer cantonal, souvent un receveur des contributions indirectes et quelquefois un commissaire de police.

4. Enfin, chaque canton est divisé en communes administrées par un maire et des adjoints, qui sont élus et contrôlés par le conseil municipal. La commune a, comme le département, la personnalité civile, que n'ont ni l'arrondissement ni le canton.

36. — Administration départementale. (Élève, p. 22)

Sommaire. — **1.** Le préfet, les sous-préfets. — **2.** Autres fonctionnaires départementaux. — **3.** Rapports du préfet avec le conseil général.

Développement. — **1.** Chaque département est administré par un préfet, qui représente le Gouvernement et qui est nommé par lui. Le préfet est assisté d'un secrétaire général qui peut le remplacer au besoin. Le préfet a toutes les attributions du pouvoir exécutif, c'est-à-dire qu'il est chargé de l'exécution des lois et du maintien de l'ordre public. Il exerce une partie de ses attributions par l'intermédiaire des sous-préfets, chargés plus spécialement de l'administration des arrondissements et qui sont aussi nommés par le Gouvernement.

2. Il y a d'autres fonctionnaires départementaux. Les uns sont nommés par le Gouvernement : ce sont les ingénieurs des ponts et chaussées, les inspecteurs d'académie et les inspecteurs primaires, le trésorier-payeur général, les receveurs particuliers, les percepteurs, etc. Les autres sont choisis par le préfet : ce sont les agents voyers, les architectes départementaux, les commissaires de police des villes ayant moins de 6 000 habitants, les instituteurs et les institutrices titulaires, les gardes champêtres, etc.

3. Le préfet est aussi chargé d'exécuter les délibérations du conseil général, à moins qu'il n'en demande l'annulation au Gouvernement. C'est aussi lui qui prépare et qui soumet à cette assemblée le budget départemental, c'est-à-dire le tableau annuel des recettes et des dépenses du département.

37. — Le conseil général. (Élève, p. 22)

Sommaire. — 1. Le conseil général ; comment il est élu. — 2. Ses attributions départementales. — 3. Ses attributions politiques.

Développement. — 1. Le conseil général est une assemblée élue pour six ans par le suffrage universel, dans chaque département, à raison d'un membre par canton ; il est renouvelable par moitié tous les trois ans. Les conseils généraux se réunissent deux fois par an : le deuxième lundi après Pâques et le premier lundi après le 15 août.

2. Le conseil général vote, avec les modifications qu'il juge convenables, le budget départemental qui lui est soumis par le préfet. Il contrôle l'administration de ce fonctionnaire et répartit les contributions directes entre les arrondissements. Enfin, il prend, sur les affaires départementales, des délibérations qui sont exécutoires si, dans un certain délai, elles n'ont pas été annulées par le Gouvernement. Il nomme une Commission départementale chargée de contrôler le préfet dans l'intervalle des sessions.

3. Les conseillers généraux sont électeurs sénatoriaux. Ce n'est pas, d'ailleurs, leur seule attribution politique. Si les Chambres étaient illégalement dissoutes, des délégués, élus immédiatement par les conseils généraux, formeraient une assemblée chargée de rétablir l'ordre et la légalité jusqu'à la nomination d'un nouveau Parlement (loi Tréveneuc).

38. — La commune. (Élève, p. 24)

Sommaire. — 1. La commune. — 2. Le conseil municipal. — 3. Ses attributions. — 4. Le maire et les adjoints.

Développement. — 1. La commune est une subdivision du canton ; elle a la personnalité civile, c'est-à-dire qu'elle peut posséder, emprunter, plaider. Elle est administrée par le maire et ses adjoints, sous le contrôle du conseil municipal.

2. Le conseil municipal est une assemblée élue pour quatre ans par le suffrage universel, au scrutin de liste. Le nombre des conseillers municipaux est proportionnel à la population; il ne peut être inférieur à 10 ni supérieur à 36. Etre choisi par ses concitoyens pour faire partie du conseil municipal est un honneur. Accepter cet honneur est un devoir.

3. Le conseil municipal élit le maire et les adjoints; il délibère sur les affaires qui intéressent la commune et vote le budget communal. Il élit un ou plusieurs délégués sénatoriaux. Il se réunit au moins quatre fois par an : en février, en mai, en août et en novembre : ce sont les quatre sessions ordinaires. Le conseil municipal peut aussi, toutes les fois que cela est utile, se réunir en session extraordinaire.

4. Le maire est à la fois le représentant de la commune et le délégué du Gouvernement. Il administre la commune, veille au maintien de l'ordre public; il prépare le budget communal; enfin il est officier de l'état civil. Il est assisté, dans l'accomplissement de ses fonctions, par des adjoints dont le nombre varie suivant l'importance de la commune.

39. — Organisation municipale de Paris. (Élève, p. 26)

SOMMAIRE. — **1.** Division administrative de Paris. — **2.** Le conseil municipal et le conseil général. — **3.** Le Préfet de la Seine, le Préfet de police. Les maires des vingt arrondissements.

Développement. — **1.** Paris étant la capitale de la France et le siège du Gouvernement est soumis à un régime spécial, ainsi que le département de la Seine dont il est le chef-lieu. Tout d'abord, la ville est divisée en vingt arrondissements comptant chacun quatre quartiers; chaque quartier élit un membre du Conseil municipal.

2. Ce conseil municipal se trouve ainsi composé de quatre-vingts membres; il possède la plupart des attributions des conseils municipaux des autres communes, mais il ne nomme ni maire ni adjoints. Ses membres, réunis aux conseillers élus par les huit cantons suburbains, forment le conseil général de la Seine, qui ne possède pas non plus des attributions aussi étendues que les conseils généraux des autres départements.

3. A Paris, les fonctions de maire, dans leur partie essentielle, sont remplies par le préfet de la Seine, pour la plupart des affaires administratives, et par le préfet de police, pour tout ce qui touche l'ordre public. Les maires des vingt arrondissements, qui sont nommés par le Gouvernement, ne sont guère que des officiers de l'état civil.

40. — Les actes de l'état civil. (Élève, p. 26)

SOMMAIRE. — 1. Actes de l'état civil; leur utilité. — 2. Par qui ils sont tenus en France — 3. A l'étranger; aux armées.

Développement. — 1. Quand un enfant vient au monde, quand une personne meurt, on en fait la déclaration à la mairie. L'employé dresse un acte de naissance ou de décès. C'est aussi à la mairie qu'est rédigé l'acte qui constate la célébration d'un mariage. Ces trois actes sont les actes de l'état civil; ils sont appelés ainsi, parce qu'ils déterminent l'état civil de chaque Français et permettent de savoir, à tout moment, s'il vit encore, quel est son âge, s'il est célibataire ou marié, s'il doit être compris dans le recrutement, s'il est électeur ou éligible, quelle part lui revient dans les successions, etc.

2. Les actes de l'état civil sont rédigés et signés, selon des formes consacrées, par les maires ou par leurs adjoints, que l'on appelle à cause de cela *officiers de l'état civil*. Ces actes sont écrits sur deux registres, dont l'un est gardé à la mairie et l'autre envoyé à la fin de l'année au greffe du tribunal d'arrondissement.

3. Les actes de l'état civil, pour les Français qui se trouvent à l'étranger, sont dressés par nos agents diplomatiques et consulaires. S'il s'agit de militaires ou de personnes à la suite des armées, les fonctions d'officier de l'état civil sont remplies par les sous-intendants.

41. — Budget départemental. — Budget communal. (Élève, p. 23 et 25)

SOMMAIRE. — 1. Budget départemental. — 2. Comment il est préparé et voté. — 3. Budget communal. — 4. Comment il est préparé et voté.

Développement. — 1. Le budget départemental est le tableau des dépenses et des recettes du département; il est établi chaque année, au mois d'août, pour l'année suivante. Les principales dépenses qui y sont inscrites s'appliquent à l'entretien des routes départementales, des chemins vicinaux, des écoles normales, etc., et au service des emprunts départementaux. Les recettes proviennent des centimes additionnels, des subventions de l'État et des emprunts.

2. Le budget départemental est préparé par le préfet, qui le soumet au conseil général pendant la session du mois d'août. Le Conseil le discute et le vote en y apportant les modifications qu'il juge convenables. Le budget doit être ensuite approuvé par le ministre de l'Intérieur.

3. Le budget communal est le tableau des dépenses et des recettes de la commune; il est établi, chaque année, au mois de mai généralement, pour l'année suivante. Les principales dépenses qui y figurent s'appliquent à l'administration communale, à l'entretien des chemins et des bâtiments communaux et au service des emprunts. Les recettes proviennent des domaines communaux, des centimes additionnels, des subventions de l'État, des ressources de l'octroi et du produit des emprunts.

4. Le budget communal est préparé par le maire, qui le soumet au conseil municipal; celui-ci le vote en y apportant les modifications qu'il juge nécessaires. Le budget doit être ensuite approuvé par le préfet.

42. — Les dépenses obligatoires. (Élève, p. 23)

Sommaire. — **1.** Vote du budget par les conseils généraux et municipaux. — **2.** Dépenses obligatoires pour les départements. — **3.** Dépenses obligatoires pour les communes.

Développement. — **1.** La loi donne aux conseils généraux et aux conseils municipaux le droit de voter leur budget, mais c'est, bien entendu, à la condition que ces assemblées respectent les lois établies et qu'elles exécutent les engagements qu'elles ont pris. Par conséquent, toutes les dépenses qui sont imposées par une loi ou qui résultent d'un contrat sont obligatoires, et si le Conseil ne les inscrit pas dans le budget, elles y sont rétablies d'office, selon les cas, par le ministre de l'Intérieur ou par le préfet.

2. Les principales dépenses obligatoires sont, pour le département : le loyer, le mobilier et l'entretien des hôtels de préfecture et de sous-préfectures, des casernes de gendarmerie, des écoles normales, des tribunaux, les menues dépenses des justices de paix, les frais d'impression pour le service électoral, etc.

3. Les principales dépenses obligatoires sont, pour la commune : les frais généraux d'administration, l'entretien des édifices communaux, des cimetières, le traitement des gardes champêtres, l'entretien des chemins vicinaux ordinaires, etc.

43. — **Travaux publics.** (Élève, p. 26)

Sommaire. — Les travaux publics. — **2.** Le service des Ponts et Chaussées et des Mines. — **3.** Le service vicinal.

Développement. — **1.** Le service des travaux publics entretient ou construit les voies de communication : routes nationales et départementales, chemins vicinaux, chemins de fer, ponts, canaux. Il commande et dirige les travaux dans les ports de commerce, dans les bâtiments civils et les palais nationaux. Il surveille l'exploitation des mines et des carrières. La plus grande partie de ces travaux s'effectuent sous la direction de l'État, c'est-à-dire du ministre des Travaux publics ; le surplus est confié aux autorités départementales et communales.

2. L'État, pour faire exécuter les travaux qui lui incombent, entretient deux corps d'ingénieurs : les ingénieurs des ponts et chaussées et les ingénieurs des mines, qui sont formés dans des écoles spéciales où sont admis les seuls élèves de l'École polytechnique. Les ingénieurs des ponts et chaussées ont sous leurs ordres des conducteurs et des cantonniers ; les ingénieurs des mines sont secondés par des garde-mines. Notons aussi l'existence, à Paris, de l'École centrale des arts et manufactures, qui prépare des ingénieurs pour l'industrie privée, appelés ingénieurs civils.

3. Les routes départementales, les chemins vicinaux et ruraux sont la propriété des départements et des communes qui en confient la construction et l'entretien à des agents voyers. Les agents voyers de chaque département forment ce qu'on appelle le service vicinal. La direction de ce service est confiée tantôt à un agent voyer en chef, tantôt à l'ingénieur en chef du département.

IX. — LA FORCE PUBLIQUE. — L'ARMÉE

44. — La force publique. (Élève, p. 27)

SOMMAIRE. — 1. La force publique ; l'armée. — 2. La gendarmerie. — 3. La police.

Développement. — 1. La force publique se compose : 1° de l'armée, chargée d'assurer la défense nationale ; 2° de la gendarmerie et de la police, chargées de maintenir l'ordre et la légalité. L'armée se compose de tous les Français valides de 20 à 45 ans ; en effet, le service militaire est aujourd'hui obligatoire, afin que tous les citoyens concourent à la défense de la patrie. Chacun de nous doit donc être un bon soldat, soumis à la discipline et fidèle au drapeau.

2. La gendarmerie est un corps composé d'anciens militaires ayant servi avec distinction. Les gendarmes font des tournées en patrouilles, dans la circonscription qui leur est assignée, pour empêcher le désordre et pour recueillir les renseignements sur les crimes et délits. Ils doivent obéir aux réquisitions des magistrats, des préfets et des maires.

3. La police est chargée de maintenir l'ordre public, d'empêcher la violation des lois et de poursuivre les coupables devant les tribunaux. Il y a, au ministère de l'Intérieur, un service de sûreté générale pour toute la France, mais le droit de police appartient aux préfets, aux sous-préfets, aux maires. Les principaux agents sont : les commissaires de police, les gardes champêtres, etc.

45. — L'armée de terre. (Élève, p. 28)

SOMMAIRE. — 1. L'armée ; son recrutement. — 2. Son organisation. — 3. Les corps d'armée.

Développement. — 1. L'armée est chargée d'assurer la défense nationale ; il y a deux sortes d'armées : l'armée de terre et l'armée de mer. L'armée de terre est composée de tous les Français valides de 20 à 45 ans, sauf ceux qui sont affectés à l'armée de mer. Chaque année, tous les jeunes gens âgés de 20 ans sont convoqués et deviennent soldats, à moins qu'ils ne justifient d'infirmités les rendant impropres au service. C'est ce qu'on appelle le *service militaire obligatoire*.

2. Le service effectif ne dure pas 25 ans ; le citoyen

reconnu propre au service militaire fait partie successivement de l'armée active pendant 3 ans (service effectif), de la réserve de l'armée active pendant 10 ans (deux périodes d'exercice pendant 28 jours), de l'armée territoriale pendant 6 ans (une période d'exercice de 14 jours), enfin de la réserve de l'armée territoriale pendant 6 ans.

3. L'armée est composée de 19 corps d'armée qui comprennent chacun de l'infanterie, de la cavalerie, de l'artillerie et du génie, auxquels il faut ajouter les services de l'intendance et du corps de santé militaire. La France est divisée en 18 régions militaires dans chacune desquelles est installé un corps d'armée. Le 19e corps est celui qui occupe l'Algérie. Toutes ces troupes sont sous les ordres du ministre de la Guerre qui est assisté d'un chef d'état-major général.

46. — Le recrutement de l'armée. (Élève, p. 28)

Sommaire. — **1.** Service militaire obligatoire. — **2.** Exclusions; exemptions. — **3.** Réduction à un an du service effectif pour certaines catégories.

Développement. — 1. Tous les Français de 20 à 45 ans, sauf ceux qui sont affectés à l'armée de mer et qui servent de 18 à 50 ans, font partie de l'armée de terre. C'est ce qu'on appelle le *service militaire obligatoire*. L'armée a pour mission d'assurer la défense de la patrie ; aussi être soldat, ce n'est pas seulement un devoir, c'est un honneur.

2. Sont exclus de l'armée ceux qui ont été condamnés par les tribunaux à une peine d'une certaine gravité ; ils sont mis pour leur temps de service à la disposition du ministre de la Marine. Sont exemptés d'être soldats les jeunes gens que leurs infirmités rendent impropres au service actif ou auxiliaire.

3. Tous les Français âgés de 20 ans au 1er janvier d'une année forment le contingent ou classe de cette année ; ils tirent au sort au chef-lieu de canton. Chaque année, le ministre de la Guerre fixe sur la liste du tirage au sort, en commençant par les numéros les plus élevés, le nombre des hommes qui seront renvoyés dans leur foyer après un an de service. — Ne font aussi qu'un an : l'aîné d'orphelins de père et de mère, celui qui a un frère sous les drapeaux, et d'une manière générale, les soutiens de famille. Jouissent aussi du même avantage : les jeunes gens qui contractent l'engagement de servir pendant dix ans dans l'instruction publique, les élèves de certaines écoles, les ecclésiastiques, enfin ceux qui ont obtenu ou qui poursuivent leurs études en vue d'obtenir certains diplômes de l'enseignement supérieur.

47. — L'armée de mer. (Élève, p. 28)

SOMMAIRE. — **1.** L'inscription maritime. — **2.** La flotte. — **3.** Les arrondissements maritimes.

Développement. — 1. L'armée de mer a pour mission de défendre le littoral de la France et ses colonies, et de faire respecter notre drapeau sur les mers. Elle se recrute principalement parmi les inscrits maritimes : on appelle ainsi, parce qu'ils sont inscrits sur un registre spécial, les habitants des côtes âgés de 18 à 50 ans qui se livrent à la pêche ou à la navigation. Aux inscrits maritimes il faut ajouter les engagés volontaires, et, en cas de besoin, les conscrits qui ont amené les plus bas numéros au tirage au sort.

2. La flotte de l'Etat comprend tous les vaisseaux construits aux frais du gouvernement et montés par des hommes de l'armée de mer : cuirassés, croiseurs, garde-côtes, avisos, éclaireurs, torpilleurs, etc. Elle est divisée en différents groupes qui portent le titre d'escadre (escadres du Nord, de la Manche, de la Méditerranée, du Levant), et qui sont commandés par un contre-amiral ou par un vice-amiral.

3. Le littoral de la France est divisé en cinq arrondissements maritimes ayant pour chefs-lieux nos cinq grands ports militaires : Cherbourg, Brest, Lorient, Rochefort et Toulon. Chaque arrondissement maritime a à sa tête un vice-amiral qui porte le titre de *préfet maritime*.

X. — L'INSTRUCTION PUBLIQUE

48. — L'enseignement primaire. (Élève, p. 29)

SOMMAIRE. — **1.** L'enseignement primaire. — **2.** Ses trois caractères essentiels. — **3.** Par qui il est donné.

Développement. — 1. L'enseignement primaire est l'enseignement des notions élémentaires indispensables à tous les hommes : Instruction morale et civique, lecture, écriture, histoire et géographie, éléments des sciences, travaux manuels, etc., etc.; il est donné aux enfants de 6 à 13 ans dans des écoles publiques ou libres.

2. L'enseignement primaire est obligatoire : tous les enfants, sans exception, doivent le recevoir. Quand il est donné dans les écoles publiques, il est, en outre, gratuit et laïque : gratuit, c'est-à-dire qu'aucun des élèves ne paie de rétribution scolaire ; laïque, c'est-à-dire indépendant des confessions religieuses et donné par un personnel non congréganiste. Nous devons le grand développement de l'enseignement primaire à la République, qui a ouvert des écoles dans les plus petits hameaux. Fréquentons assidûment l'école : elle fera de nous d'honnêtes gens et de bons citoyens.

3. L'enseignement primaire est donné par des instituteurs et des institutrices qui sont tous munis du brevet de capacité. Dans les écoles publiques, ils doivent être laïques, c'est-à-dire ne faire partie d'aucune communauté religieuse ; ils sont principalement recrutés parmi les élèves-maîtres et les élèves-maîtresses des écoles normales primaires.

49. — L'enseignement secondaire. — L'enseignement supérieur. (Élève, p. 30 et 31)

Sᴏᴍᴍᴀɪʀᴇ. — **1.** L'enseignement secondaire public. — **2.** L'enseignement supérieur public. — **3.** L'enseignement libre.

Développement. — **1.** L'enseignement secondaire comporte deux sections: l'enseignement secondaire classique, qui a pour base l'étude du français et des langues mortes (grec et latin); — l'enseignement secondaire moderne, qui a pour base l'étude du français et des langues étrangères vivantes (allemand, anglais, espagnol, italien). — L'un et l'autre sont donnés dans les lycées et collèges par des professeurs munis du titre de licencié ou d'agrégé et aboutissent au baccalauréat. L'enseignement secondaire des jeunes filles est un enseignement secondaire moderne.

2. L'enseignement supérieur est celui qui est donné dans les facultés. Il y a quatre sortes de facultés : les facultés de droit, les facultés de médecine et de pharmacie, les facultés des lettres et les facultés des sciences. L'enseignement y est donné par des maîtres munis du grade de docteur. Ce sont les facultés qui décernent les grades de bachelier, licencié et docteur. En dehors des facultés, il y a d'autres établissements d'enseignement supérieur, tels sont : le Collège de France, le Muséum d'histoire naturelle, l'École des Hautes Études, l'École normale supérieure, l'École des Chartes, etc.

3. L'enseignement public n'est pas le seul enseignement qui existe en France. Il y a aussi un enseignement privé, généralement appelé enseignement libre. Mais l'État s'est réservé le droit exclusif de conférer aux jeunes gens, quels que soient les établissements où ils ont fait leurs études, les diplômes et les grades qui constatent leur capacité. En outre, les autorités préposées à l'instruction publique veillent à ce que l'enseignement libre ne soit en rien contraire à la morale, à la Constitution et aux lois.

50. — Les Conseils universitaires. (Élève, p. 32)

Sommaire. — 1. Conseil départemental de l'enseignement primaire. — 2. Conseil académique; Conseil des facultés. — 3. Conseil supérieur de l'Instruction publique.

Développement. — 1. Les Conseils universitaires jouent un grand rôle dans l'instruction publique en France. Le Conseil départemental de l'enseignement primaire veille dans chaque département à l'application des programmes et des règlements de l'enseignement primaire; il statue sur les affaires contentieuses relatives à l'ouverture des écoles libres, à l'exercice du droit d'enseigner et sur les affaires disciplinaires.

2. Le Conseil académique donne son avis sur les règlements et les programmes des établissements d'enseignement secondaire et supérieur; il juge les affaires contentieuses ou disciplinaires qui lui sont soumises par le ministre ou par le recteur. Il y a un Conseil académique au chef-lieu de chacune des seize Académies. — Le Conseil général des facultés maintient les règlements des études dans les facultés et possède des attributions disciplinaires sur les étudiants.

3. On peut se pourvoir contre toutes les décisions de ces Conseils devant le Conseil supérieur de l'Instruction publique, qui a aussi pour mission de donner son avis sur les programmes et sur les méthodes d'enseignement. Les membres du Conseil supérieur de l'Instruction publique, comme les membres de tous les autres conseils universitaires, sont les uns désignés par le ministre de l'Instruction publique, les autres élus par les membres de l'enseignement.

TABLE DES RÉDACTIONS

Paris. — Imp. E. Capiomont et Cⁱᵉ, rue des Poitevins, 6.

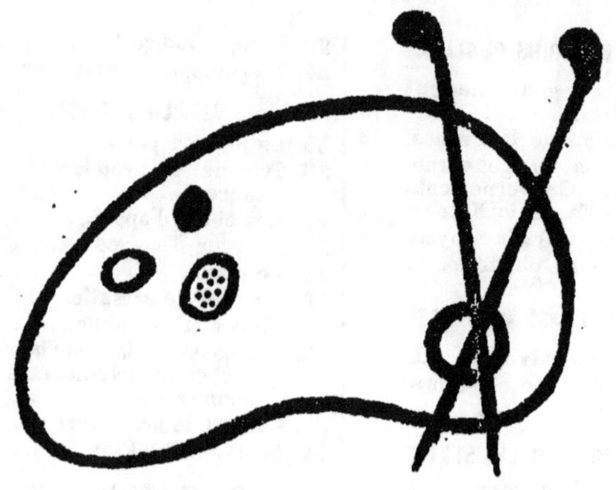

Original en couleur

NF Z 43-120-B